Realidades B

Capítulo 5A

Nombre _____

Fecha _____

VIDEO

Antes de ver el video

Actividad 1

Look at this family tree. Label each person with his or her relationship to Ricardo.

Ricardo

¿Comprendes?

Actividad 2

Cristina had a birthday party with some of her family members. How much do you remember about that party? Write **cierto** or **falso** next to each statement.

1. Angélica hace un video de la fiesta de su hermano. _____

2. El papá de Cristina saca fotos de la fiesta. _____

3. A Gabriel le gustan los deportes. _____

4. El perro de Cristina se llama Piñata. _____

5. La abuela de Cristina decora la fiesta con papel picado. _____

6. Capitán es muy sociable, le encanta estar con la familia. _____

7. Carolina es la hermana de Gabriel y Angélica. _____

8. Ricardo es el abuelo de Esteban. _____

Nombre _____

Hora _____

Fecha _____

VIDEO

Actividad 3

Who is being described? Write his or her name next to the description.

	Description	Name
1.	esposa de Ricardo	_____
2.	tío de Cristina	_____
3.	hermana de Gabriel	_____
4.	esposa de Andrés	_____
5.	primo de Angélica	_____
6.	hermana mayor de Esteban	_____
7.	abuelo de Cristina	_____

Realidades B

Capítulo 5A

Nombre _____

Fecha _____

Hora _____

VIDEO

Y, ¿qué más?

Actividad 4

At Cristina's party we met many family members. Why don't you introduce your family, too? Write three sentences about your family or a family you know well. Follow the examples below.

Yo vivo en mi casa con mi mamá y mi hermano.

TÚ: _____

Mi hermano se llama Martín y tiene 10 años.

TÚ: _____

Yo tengo muchos primos y primas.

TÚ: _____

The lyrics for "Las mañanitas" as sung on the video are:

Éstas son las mañanitas que cantaba el rey David
a las muchachas bonitas, te las cantamos a ti.
Despierta, mi bien, despierta, mira que ya amaneció,
ya los pajarillos cantan, la luna ya se metió.

These are the early morning birthday songs
that King David used to sing
to pretty girls, and so we sing them to you.
Wake up, my dear, wake up, look, dawn has already come,
the little birds are singing, the moon is gone.

Realidades B

Capítulo 5A

Nombre _____

Fecha _____

Hora _____

AUDIO

Actividad 5

Beto is showing Raúl a picture of his family at a birthday party. Identify as many people as you can and write their names and relationship to Beto under the pictures. If Beto refers to a pet, simply write the pet's name under the picture. You will hear this conversation twice.

_____   _____   _____

_____   _____   _____

_____   _____   _____

_____   _____   _____

Realidades **B**

Capítulo 5A

Nombre _____

Hora _____

Fecha _____

AUDIO

Actividad 6

You are chosen to participate in a popular radio quiz show on a local Spanish radio station. When it is your turn, you are happy to hear that your questions are in the category of **FAMILIA**. See if you can answer all of the questions correctly on the entry card below. Each question becomes a little more difficult. You will hear each set of questions twice.

1. _____

2. _____

3. _____

4. _____

5. _____

Actividad 7

Listen as three brothers talk to their mother after school. Try to fill in all of the squares in the grid with the correct information about Julio, Mateo, and Víctor. Remember, you might not hear the information given in the same order as it appears in the grid. You will hear this conversation twice.

	¿Cuántos años tiene?	¿Qué le gusta hacer?	¿Qué tiene que hacer?	¿Qué tiene en la mochila?
Julio				
Mateo				
Víctor				

Realidades Ⓑ

Capítulo 5A

Nombre _____

Fecha _____

Hora _____

AUDIO

Actividad 8

Listen as two students tell their host families in Chile about their own families back home. As you listen to both of them, see if you can tell which family is being described. Put a check mark in the appropriate box on the grid. You will hear each set of statements twice.

La familia Gómez

La familia Sora

	1	2	3	4	5	6	7	8
La familia Gómez								
La familia Sora								

Nombre _____ Hora _____

Fecha _____

AUDIO

Actividad 9

Listen to the following phone calls to Ana, a favorite local talk show host. Each caller has a problem with someone in his or her family. As you listen to each caller, take notes on his or her problems. After all of the callers have spoken, write a sentence of advice for each caller. You may write your advice in English. You will hear set of statements twice.

	PROBLEMA	CONSEJO
Maritza		
Armando		
Andrés		
María Luisa		

Actividad 10

Look at the pages from the Rulfo family photo album below. Then, write one or two sentences describing the people in each photo. What is their relationship to each other? What do you think they are like, based on the pictures?

Juanito, Lolita y Pepe

Pepe, Marcos, Romana, Timoteo y Luisita

"El cumpleaños de Rafael"

1. Foto 1

_____

_____

_____

2. Foto 2

_____

_____

_____

3. Foto 3

_____

_____

_____

Realidades Ⓑ

Capítulo 5A

Nombre _____

Fecha _____

Hora _____

WRITING

Actividad 11

People have many obligations during the day. Using **tener que**, write what you think the following people have to do at the time of day or place given. Follow the model.

Modelo mi padre / a las 7:00 de la mañana

Mi padre tiene que desayunar a las siete de la mañana.

1. yo / a las 7:30 de la mañana

   _____

2. tú / en la clase de español

   _____

3. los estudiantes / en la clase de inglés

   _____

4. el profesor / en la clase de matemáticas

   _____

5. las personas de la escuela / a las doce de la tarde (al mediodía)

   _____

6. Uds. / en la clase de arte

   _____

7. los estudiantes malos / en la clase de educación física

   _____

8. mi amigo / a las 3:00 de la tarde

   _____

9. mis hermanos y yo / a las 5:00 de la tarde

   _____

10. mi familia / a las 6:00 de la tarde

   _____

Realidades Ⓑ

Capítulo 5A

Nombre _____

Hora _____

Fecha _____

WRITING

Actividad 12

A. Your family tree is very complex. It takes many links to connect everyone in the family. Using possessive adjectives, write 10 sentences about how people are related in your family. Use the model to help you.

Modelo	*Mi tío tiene dos hijos.*
	Mi abuelo es el padre de mi tía.

1. _____

2. _____

3. _____

4. _____

5. _____

6. _____

7. _____

8. _____

9. _____

10. _____

B. Now, draw your family tree.

Nombre _____

Hora _____

Fecha _____

WRITING

Actividad 13

Your pen pal from Argentina has asked you to tell her about a member of your family. First, tell her the person's name, age, and relationship to you. Then, describe what the person is like.

Once you finish writing, read your description and check to make sure that all the words are spelled correctly and that you have used accents where necessary. Also, check to make sure the endings of the adjectives agree with the nouns they are describing.

Hola, Ana Sofía:

_____

_____

_____

_____

_____

_____

_____

_____

_____

_____

Saludos,

_____

Nombre _____   Hora _____

Fecha _____

VIDEO

Antes de ver el video

Actividad 1

Select from the word bank the appropriate nouns to write under each heading: things needed to set the table, things to eat, and things to drink.

menú	tacos	tenedor	flan
enchiladas	limonada	servilleta	postre
café	refresco	cuchillo	jugo de naranja

Para poner la mesa   **Para comer**   **Para beber**

_____   _____   _____

_____   _____   _____

_____   _____   _____

_____   _____   _____

¿Comprendes?

Actividad 2

Angélica's family is having dinner at the restaurant **México Lindo**. Find the best choice to complete each statement by writing the letter in the space provided.

1. El camarero está nervioso; _____

   a. tiene mucho trabajo.

   b. es su primer día de trabajo.

   c. tiene sueño.

2. El papá de Angélica pide un té helado _____

   a. porque tiene calor.

   b. porque es delicioso.

   c. porque tiene frío.

Realidades B

Capítulo 5B

Nombre _____

Fecha _____

Hora _____

VIDEO

3. La mamá de Angélica pide de postre _____

    a. arroz con pollo.

    b. tacos de bistec.

    c. flan.

4. La mamá de Angélica necesita _____

    a. una servilleta.

    b. el menú.

    c. un cuchillo y un tenedor.

Actividad 3

Match each person with the things he or she ordered. Write the letter of the foods and beverages in the spaces provided.

1. Mamá _____   a. jugo de naranja y fajitas de pollo

2. Angélica _____   b. enchiladas

3. Papá _____   c. café, ensalada de frutas y flan

4. Esteban _____   d. té helado, tacos de bistec y café

5. Cristina _____   e. refresco y arroz con pollo

6. Sr. del pelo castaño _____   f. hamburguesa y refresco

VIDEO

Y, ¿qué más?

Actividad 4

You and your friend Graciela are having dinner at a Mexican restaurant with your family. Graciela doesn't speak Spanish, so your mom orders dinner for her. Then, you give your order. Look at the menu to see your options, then write your order in the space provided in the dialogue below.

MENÚ		
BEBIDAS	**PLATO PRINCIPAL**	**POSTRES**
Refrescos	Enchiladas	Flan
Jugo de naranja	Tacos de carne/pollo	Helado
Té helado/caliente	Fajitas de carne/pollo	Frutas frescas
Café	Burritos	

CAMARERO: ¿Qué van a pedir para beber?

MAMÁ: La joven quiere un jugo de naranja, y yo quiero un refresco.

TÚ: _____

CAMARERO: ¿Qué quieren pedir para el plato principal?

MAMÁ: Para la joven enchiladas, y yo quiero arroz con pollo.

TÚ: _____

CAMARERO: ¿Quieren pedir algo de postre?

MAMÁ: Para la joven un flan. Yo no quiero nada, gracias.

TÚ: _____

Nombre _____ Hora _____

Fecha _____

AUDIO

Actividad 5

You are delighted to find out that you can understand a conversation that a family at a table near you in a restaurant is having in Spanish. The family doesn't seem very happy with the waiter. Listen to find out what each family member is upset about. By looking at the pictures in the grid below, check off the item that is causing the problem. You will hear each conversation twice.

Actividad 6

Five young people go to a department store to buy hats (**sombreros**) as presents for their friends. Listen as each person describes the person he or she is buying the present for. Write the name of each person described under the hat that best matches that person. You will hear each conversation twice.

Realidades Ⓑ

Capítulo 5B

Nombre _____

Hora _____

Fecha _____

AUDIO

sociable, deportista, atrevido(a)

_____

romántico(a), talentoso(a), paciente

_____

serio(a), trabajador(a), práctico(a)

_____

elegante, divertido(a), simpático(a)

_____

aventurero(a), atrevido(a), interesante

_____

Actividad 7

Listen as a group of friends discuss Julia's upcoming surprise birthday party. Look at the list of party items. Write the name of each person next to the item that he or she is bringing. Circle any item that still needs to be assigned. You will hear this conversation twice.

Los platos _____	Los refrescos _____	Las servilletas _____
Los vasos _____	Los globos _____	El postre _____
Los tenedores _____	La piñata _____	Las flores _____
Las cucharas _____	Las luces _____	El helado _____

Actividad 8

Iván knows many different people from various places. Listen to him describe these people. Fill in the chart as you hear each piece of information given. You will hear each set of statements twice.

	¿De dónde es/son?	¿Dónde está(n)?	¿Está(n) contento/a/os/as?
Juanita			
Los tíos			
Iván y su familia			
Felipe			
Juanita y Julie			

Realidades

Capítulo 5B

Nombre _____

Hora _____

Fecha _____

AUDIO

Actividad 9

Listen as a girl describes a photo of a party to her friend who was unable to attend. Write the names of each person described on the line that corresponds to each picture. You will hear the dialogues twice.

A. _____   D. _____

B. _____   E. _____

C. _____   F. _____

Nombre _____

Hora _____

Fecha _____

WRITING

Actividad 10

Draw a picture of yourself and three other people in your family. Then, write a description of the person below each picture. You can draw imaginary family members if you prefer.

1.

Yo _____

_____
_____
_____
_____
_____
_____
_____
_____

2.

_____

_____
_____
_____
_____
_____
_____
_____
_____

3.

_____

_____
_____
_____
_____
_____
_____
_____

4.

_____

_____
_____
_____
_____
_____
_____
_____

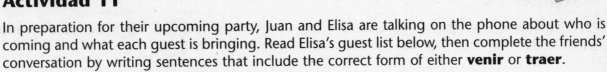

Realidades B

Capítulo 5B

Nombre _____

Fecha _____

Hora _____

WRITING

Actividad 11

In preparation for their upcoming party, Juan and Elisa are talking on the phone about who is coming and what each guest is bringing. Read Elisa's guest list below, then complete the friends' conversation by writing sentences that include the correct form of either **venir** or **traer**.

Nuestra fiesta

Anita - la pizza
Pablo y José - la salsa
Jorge y Marta - la limonada y los refrescos
Luisa y Marcos - las galletas de chocolate
Nosotros - la carne

JUAN: ¿Anita viene a la fiesta el sábado?

ELISA: _____.

JUAN: ¡Qué bien! ¿También van a venir Pablo y José?

ELISA: Sí. Ellos _____.

JUAN: ¿Qué traen ellos?

ELISA: _____.

JUAN: Bien. Y ¿quién trae las bebidas?

ELISA: Pues, _____.

JUAN: Sí. Ahora, ¿quiénes traen el postre?

ELISA: _____.

JUAN: ¡Perfecto! ¿Y nosotros? ¿_____?

ELISA: ¡Traemos la carne, por supuesto!

WRITING

Actividad 12

Describe the following people. Consider their mood and location, their personality and appearance. Be creative and use the pictures and model to help you.

Modelo

Él es joven. Su pelo es corto y negro.

Es un chico estudioso.

Está en casa ahora porque está enfermo.

1. _____

2. _____

3. _____

4. _____

Nombre _____ Hora _____

Fecha _____

Actividad 13

There is going to be a picnic at your new house, and your mother is telling you who is coming and what he or she will be bringing. Write what your mother says, using a name, a description word, and an item from the columns below. Use either **venir** or **traer** in your sentence. Use the names only once. Follow the model.

Nombre	Descripción	Va a traer
Los Sres. Vázquez	viejo	platos
	joven	tenedores
La Srta. Espinosa	contento	vasos
	simpático	pollo
Antonio Jerez	artístico	hamburguesas
	pelirrojo	pasteles
Fernando y María Sosa	enfermo	servilletas
	guapo	limonada
Catalina de la Cuesta	alto	cuchillos
	bajo	tazas

Modelo _La señorita Espinosa viene a la fiesta. Ella es la mujer joven y simpática que vive cerca de nuestra casa. Ella siempre está contenta y trae los pasteles._

1. _____

_____

2. _____

_____

3. _____

_____

4. _____

_____

Nombre _____ Hora _____

Fecha _____

VIDEO

Antes de ver el video

Actividad 1

Make a list of five items in your bedroom and five adjectives that describe your bedroom.

Cosas en mi dormitorio

_____

_____

_____

_____

Descripción de mi dormitorio

_____

_____

_____

_____

¿Comprendes?

Actividad 2

Below are some words and phrases that you have learned so far. On the lines below, write only the words that you most likely heard in the video episode about Ignacio's room.

a veces	ratón	bistec	¿A qué hora?	almuerzo
foto	desordenado	lámpara	pequeños	estante
pared	bueno	casa	mochila	peor
abuelos	bailar	cuarto	bicicleta	escritorio
calculadora	¿Adónde?	fiesta	discos compactos	color

_____ _____ _____

_____ _____ _____

_____ _____ _____

_____ _____ _____

_____ _____ _____

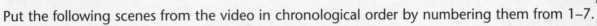

Realidades Ⓑ

Capítulo 6A

Nombre _____

Hora _____

Fecha _____

VIDEO

Actividad 3

Put the following scenes from the video in chronological order by numbering them from 1–7.

Nombre _____

Hora _____

Fecha _____

VIDEO

Y, ¿qué más?

Actividad 4

What is your room like? Is it messy or neat? What do you have to the left and to the right of the room? What do you have on the wall, on the nightstand, or on a bookshelf? Can you compare your room to someone else's? Describe your room, using as much new vocabulary as you can. Follow the sample paragraph below.

Modelo

Mi cuarto es menos ordenado que el cuarto de mi hermana. A la izquierda tengo un estante, muy desordenado, con discos compactos. A la derecha está mi escritorio con libros y revistas. Tengo una foto de mi familia en la pared. También tengo otra foto de mi hermana en su cuarto, ¡ y está ordenado!

_____

_____

_____

_____

_____

_____

_____

Nombre _____ Hora _____

Fecha _____

AUDIO

Actividad 5

Marta and her sister Ana have very similar bedrooms. However, since they have unique personalities and tastes, there are some differences! For each statement you hear, check off in the appropriate column whose bedroom is being described. You will hear each statement twice.

El dormitorio de Marta   **El dormitorio de Ana**

	Marta	Ana		Marta	Ana
1.	❑	❑	6.	❑	❑
2.	❑	❑	7.	❑	❑
3.	❑	❑	8.	❑	❑
4.	❑	❑	9.	❑	❑
5.	❑	❑	10.	❑	❑

Nombre _____   Hora _____

Fecha _____

AUDIO

Actividad 6

Your Spanish teacher asks you to represent your school at a local university's **Competencia Escolar** (*Scholastic Competition*) for secondary Spanish students. She gives you a tape to practice with for the competition. As you listen to the recording, decide whether the statement is true or false and mark it in the grid. You will hear each set of statements twice.

	1	2	3	4	5	6	7	8	9	10
Cierto										
Falso										

Actividad 7

Sra. Harding's class is planning an Immersion Weekend for the school district's Spanish students. Listen as four committee members discuss the best food to have, the best activities for younger and older students, and the best colors for the t-shirt (**camiseta**) that will be given to all participants. To keep track of what everyone thinks, fill in the grid. You will hear each set of statements twice.

	La mejor comida	Las actividades para los estudiantes menores	Las actividades para los estudiantes mayores	El mejor color para la camiseta
1				
2				
3				
4				

Realidades **B**

Capítulo 6A

Nombre _____

Fecha _____

Hora _____

AUDIO

Actividad 8

Your friend is babysitting for a family with an eight-year-old boy and a ten-year-old girl. Since they are a Spanish-speaking family, your friend wants you to go with her in case she doesn't understand everything that the mother tells her. Listen to the conversation to learn all the ground rules. Write either **sí** or **no** in each column that matches what the mother says that the boy or girl can do. Be sure to write **no** in both columns if neither is allowed to do it. Write **sí** in both columns if both are allowed to do it. You will hear this conversation twice.

AUDIO

Actividad 9

Look at the pictures in the chart below as you hear people describe their friends' bedrooms. Place a check in the chart that corresponds to all of the items mentioned by the friend. You will hear each set of statements twice.

	Javier	Sara	María	Marcos

Nombre _____ Hora _____

Fecha _____ **WRITING**

Actividad 10

Answer the following questions about your bedroom in complete sentences. If you prefer, you may write about your ideal bedroom.

1. ¿Cuál es tu color favorito?

   _____

2. ¿De qué color es tu dormitorio?

   _____

3. ¿Tienes una alfombra en tu dormitorio? ¿De qué color es?

   _____

4. ¿Tienes un despertador? ¿Cuándo usas tu despertador?

   _____

   _____

5. ¿Qué muebles (*furniture*) tienes en tu dormitorio?

   _____

   _____

6. ¿Qué cosas electrónicas tienes en tu dormitorio?

   _____

7. ¿Prefieres los videos o los DVDs? ¿Cuántos tienes?

   _____

8. ¿Cuántos discos compactos tienes?

   _____

WRITING

Actividad 11

A. Draw your bedroom or your ideal bedroom (including furniture, electronics, windows, books, decorations, and other possessions) in the space provided below.

 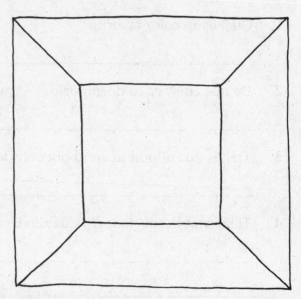

B. Now, compare the room that you drew with Juan's room on the left. Use the correct form of some of the following adjectives, or think of others: **práctico, interesante, grande, pequeño, mejor, peor, bonito, ordenado.**

| Modelo | *Mi dormitorio es menos interesante que el dormitorio de Juan.* |

1. _____

2. _____

3. _____

4. _____

5. _____

6. _____

Realidades B

Capítulo 6A

Nombre _____

Hora _____

Fecha _____

WRITING

Actividad 12

You and your friends are comparing your English classes to determine which teacher's class to take next year. Read the information below, then compare the classes based on the criteria indicated. Follow the model.

	Clase A	Clase B	Clase C
Hora	Primera	Tercera	Octava
Profesor(a)	Profesora Brown — interesante	Profesor Martí — aburrido	Profesor Nicólas — muy interesante
Número de estudiantes	25	20	22
Dificultad	Difícil	Muy difícil	Fácil
Libros	Muy buenos	Aburridos	Buenos
Opinión general	A	B –	A –

Modelo   Profesor *El profesor Martí es el menos interesante de los tres profesores.*

1. Hora (*temprano* or *tarde*)

_____

2. Número de estudiantes (*grande* or *pequeño*)

_____

3. Dificultad (*fácil* or *difícil*)

_____

4. Libros (*buenos* or *malos*)

_____

5. Opinión general (*mejor* or *peor*)

_____

Realidades B

Capítulo 6A

Nombre

Fecha

Hora

WRITING

Actividad 13

Your parents are hosting a family reunion, and nine extra people will be sleeping at your house. On the lines below, write where nine guests would sleep at your house. You may use your imagination if you prefer.

1. _____

_____

2. _____

_____

3. _____

_____

4. _____

_____

5. _____

_____

6. _____

_____

7. _____

_____

8. _____

_____

9. _____

_____

Nombre _____ Hora _____

Fecha _____

VIDEO

Antes de ver el video

Actividad 1

Think of five chores you do at home. Then, write whether you like or don't like doing them using **me gusta** and **no me gusta nada**. Follow the model.

Modelo   *No me gusta nada limpiar mi dormitorio.*

1. _____

2. _____

3. _____

4. _____

5. _____

¿Comprendes?

Actividad 2

As you know from the video, Jorgito does all of the chores even though some were Elena's responsibility. Next to each chore listed below, tell whether it was Elena's responsibility or Jorgito's responsibility by writing the appropriate name in the space provided.

1. _____ quitar el polvo

2. _____ poner la mesa del comedor

3. _____ lavar los platos en la cocina

4. _____ hacer la cama en el dormitorio de Jorge

5. _____ hacer la cama en el cuarto de Elena

6. _____ arreglar el dormitorio de Jorge

7. _____ pasar la aspiradora

8. _____ dar de comer al perro

Nombre _____ Hora _____

Fecha _____

Actividad 3

Use the stills below from the video to help you answer the questions. Use complete sentences.

1. ¿A Elena le gusta trabajar en casa?

   _____

2. ¿Qué quiere Jorgito para ayudar a Elena?

   _____

3. ¿En qué están de acuerdo Elena y Jorgito?

   _____

   _____

4. ¿Cuántos quehaceres le da Elena a Jorgito? ¿Por cuántas horas va a

   escuchar música Jorgito? _____

   _____

5. Cuando vienen a casa, ¿cómo están los padres? _____

   _____

6. En realidad, ¿es perezoso Jorgito?

   _____

Nombre _____ Hora _____

Fecha _____

VIDEO

Y, ¿qué más?

Actividad 4

What activities might you do in each of these rooms? From the list in the box below, name at least two things that you might logically do in each room. Each activity should be used only once.

hacer la cama	pasar la aspiradora	escuchar música	cocinar la comida
poner la mesa	lavar los platos	quitar el polvo	
comer la cena	arreglar el dormitorio desordenado	hacer la tarea	

1. dormitorio de Elena

   _____   _____

2. sala

   _____   _____

3. comedor

   _____   _____

4. cocina

   _____   _____

5. dormitorio de Jorge

   _____   _____

Realidades B

Capítulo 6B

Nombre _____

Hora _____

Fecha _____

AUDIO

Actividad 5

Listen as people look for things they have misplaced somewhere in their house. After each conversation, complete the sentence that explains what each person is looking for (**busca**) and in which room it is found. You will hear each dialogue twice.

1. La muchacha busca _____.

   Está en _____.

2. El muchacho busca _____.

   Está en _____.

3. La mujer busca _____.

   Está en _____.

4. El muchacho busca _____.

   Está en _____.

5. La muchacha busca _____.

   Está en _____.

Actividad 6

Señor Morales's nephew, Paco, volunteers to help his uncle move into a new apartment. However, Señor Morales is very distracted as he tells Paco where to put different things. Listen as he gives his nephew instructions and record in the grid below whether you think what he tells him to do each time is **lógico** (logical) **o ilógico** (illogical). You will hear each dialogue twice.

	1	2	3	4	5	6	7	8	9	10
lógico										
ilógico										

Nombre _____ Hora _____

Fecha _____

Actividad 7

Nico's parents are shocked when they come home from a trip to find that he hasn't done any of the chores that he promised to do. As they tell Nico what he needs to do, fill in the blanks below each picture with the corresponding number. You will hear each set of statements twice.

Actividad 8

Listen as each person rings a friend's doorbell and is told by the person who answers the door what the friend is doing at the moment. Based on that information, in which room of the house would you find the friend? As you listen to the conversations, look at the drawing of the house and write the number of the room that you think each friend might be in. You will hear each dialogue twice.

1. _____
2. _____
3. _____
4. _____
5. _____
6. _____

Nombre _____   Hora _____

Fecha _____   **AUDIO**

Actividad 9

Some people always seem to get out of doing their chores at home. Listen as a few teens tell their parents why they should not or cannot do what their parents have asked them to do. As you listen, write in the chart below what the parent requests, such as **lavar los platos**. Then write in the teens' excuses, such as **está lavando el coche**. You will hear each conversation twice.

	Los quehaceres	Las excusas
Marcos		
Luis		
Marisol		
Jorge		
Elisa		

Nombre _____

Fecha _____

Hora _____

WRITING

Actividad 10

The Justino family is getting ready for their houseguests to arrive. Help Sra. Justino write the family's to-do list. Follow the model.

Modelo

En el dormitorio, tenemos que quitar el polvo,
arreglar el cuarto y pasar la aspiradora.

1. _____

2. _____

3. _____

4. _____

Realidades B

Capítulo 6B

Nombre

Fecha

Hora

WRITING

Actividad 11

The Boteros's son is going to stay with his grandmother in Puerto Rico for a month. His parents want to make sure that he is well-behaved and helps out around the house. Write ten commands the Boteros might give to their son. Follow the model.

Modelo   *Ayuda en la cocina, hijo.*

1. _____

2. _____

3. _____

4. _____

5. _____

6. _____

7. _____

8. _____

9. _____

10. _____

Actividad 12

The Galgo family is very busy on Sunday. Look at their schedule below and write what each family member is doing at the time given. Use your imagination, and use the model to help you.

	10:00	12:00	3:00	8:00
La Señora Galgo	hacer ejercicio	almorzar	trabajar	dormir
El Señor Galgo	trabajar	cortar el césped	preparar la cena	jugar al tenis
Rodrigo	arreglar el cuarto	comer	tocar la guitarra	estudiar
Mariana	nadar	poner la mesa	leer	ver la tele

Modelo 12:00 *A las doce, la Sra. Galgo está almorzando con sus amigos y el Sr. Galgo está cortando el césped. Rodrigo está comiendo una manzana y Mariana está poniendo la mesa.*

1. 10:00

_____

_____

_____

_____

2. 3:00

_____

_____

_____

_____

3. 8:00

_____

_____

_____

_____

Realidades B

Capítulo 6B

Nombre

Hora

Fecha

WRITING

Actividad 13

A. Read the letter that Marta wrote to "Querida Adela," an advice column in the local paper, because she was frustrated with having to help around the house.

> *Querida Adela:*
>
> *Yo soy una hija de 16 años y no tengo tiempo para ayudar en la casa. Mis padres no comprenden que yo tengo mi propia vida y que mis amigos son más importantes que los quehaceres de la casa. ¿Qué debo hacer?*
>
> *—Hija Malcontenta*

B. Now, imagine that you are Adela and are writing a response to Marta. In the first paragraph, tell her what she must do around the house. In the second, tell her what she can do to still have fun with her friends. Use the sentences already below to help you.

Querida Hija Malcontenta:

Es verdad que tú tienes un problema. Piensas que tu vida con tus amigos es más importante que tu vida con tu familia. Pero, hija, tú tienes responsabilidades. Arregla tu cuarto. _____

_____

_____

_____

Tienes que ser una buena hija.

Después de ayudar a tus padres, llama a tus amigos por teléfono.

_____

_____

_____

_____. Tus padres van a estar más contentos y tú vas a tener una vida mejor.

Buena suerte

Adela

Realidades Ⓑ

Capítulo 7A

Nombre _____

Hora _____

Fecha _____

VIDEO

Antes de ver el video

Actividad 1

In the next video, Claudia and Teresa go shopping for clothes. In order to make decisions on what they want they will sometimes make comparisons. Using the following words, make a comparative statement for each set. Follow the model.

Modelo   blusa roja / blusa amarilla

La blusa roja es más bonita que la blusa amarilla.

1. botas marrones / botas negras

   _____

2. una falda larga / una mini falda

   _____

3. un traje nuevo / un traje de moda (*in fashion*)

   _____

4. Claudia – 16 años / Teresa – 15 años

   _____

5. suéter que cuesta 40 dólares / suéter que cuesta 30 dólares

   _____

¿Comprendes?

Actividad 2

Identify the speaker of the following quotes by writing the name of each person on the space provided.

1. "Tienes ropa muy bonita."   _____

2. "Quiero comprar algo nuevo."   _____

3.   "¿Qué tal esta tienda?"   _____

Realidades Ⓑ

Capítulo 7A

Nombre _____

Hora _____

Fecha _____

VIDEO

4. "Pues entonces, ¿esta falda y esta blusa?" _____

5. "Busco algo bonito para una fiesta." _____

6. "Bueno, hay cosas que no cuestan tanto." _____

7. "Bueno, uhm, aquí en México no llevamos
esa ropa en las fiestas." _____

8. "¡... pero es mi gorra favorita!" _____

Actividad 3

Can you remember what happened in the video? Write the letter of the correct answer on the line.

1. A Teresa no le gusta la falda y el vestido; _____

   a. le quedan bien.

   b. le quedan más o menos.

   c. le quedan mal.

2. A Teresa no le gusta su ropa, pero sí tiene ropa _____

   a. bonita.

   b. fea.

   c. muy vieja.

3. Teresa quiere _____

   a. comprar algo extravagante.

   b. comprar algo nuevo.

   c. no ir a la fiesta.

Realidades B

Capítulo 7A

Nombre

Fecha

Hora

VIDEO

4. Claudia quiere ver _____

   a. cuánto cuestan la falda y la blusa.

   b. si le quedan bien los jeans y la camiseta.

   c. otras cosas más bonitas.

5. Por fin las chicas deciden comprar _____

   a. unos jeans de cuatrocientos pesos con una camiseta de doscientos pesos.

   b. en otra tienda.

   c. una falda de trescientos pesos y un suéter de doscientos pesos.

Y, ¿qué más?

Actividad 4

Do you like the clothes that you have in your closet? Write one sentence about something in your closet that you do like, and why. Then write one sentence about something in your closet that you don't like, and why not. Follow the models.

Modelo 1   *Me gusta el suéter negro porque es bonito y puedo llevarlo*

cuando hace frío.

_____

_____

Modelo 2   *No me gustan los pantalones rojos porque son feos y me quedan mal.*

_____

_____

Actividad 5

Isabel is working at a laundry (**lavandería**) in Salamanca. As the customers bring in their order, write how many clothing items each person has from each category in the appropriate boxes. Then total the order and write the amount in the blanks provided in the grid for each customer. You will hear each dialogue twice.

LAVANDERÍA DOS PASOS
(Note: € is the symbol for Euros)

	Precios	Cliente 1	Cliente 2	Cliente 3	Cliente 4	Cliente 5
Blusas	3 €					
Vestidos	6 €					
Pantalones	8 €					
Faldas	5 €					
Suéteres	5 €					
Camisas	3 €					
Jeans	7 €					
Chaquetas	9 €					
Camisetas	3 €					
	TOTAL					

Actividad 6

Listen to the following items available from one of the shopping services on TV. You might not understand all of the words, but listen for the words that you do know in order to identify which item is being discussed. Then write down the price underneath the correct picture. You will hear each set of statements twice.

_____ _____ _____ _____ _____

Nombre _____

Hora _____

Fecha _____

AUDIO

Actividad 7

Listen as friends talk about their plans for the weekend. Where are they thinking about going? What are they thinking about doing? How are they planning to dress? As you listen for these details, fill in the chart. You will hear each dialogue twice.

	¿Adónde piensa ir?	¿Qué piensa hacer?	¿Qué piensa llevar?
1. Paco			
2. Anita			
3. Ernesto			
4. Kiki			

Actividad 8

Susi is spending the summer in Ecuador, where she is living with a wonderful host family. As the summer comes to a close, she is searching for the perfect thank-you gifts for each member of the family. Listen as she talks to the sales clerk. In the chart below, write in the item that she decides to buy for each person in her new "family." You will hear this conversation twice.

Para la madre	Para el padre	Para el hijo, Luis	Para la hija, Marisol	Para el bebé

Nombre _____

Hora _____

Fecha _____

AUDIO

Actividad 9

What you wear can reveal secrets about your personality. Find out what type of message you send when you wear your favorite clothes and your favorite colors. As you listen to the descriptions, write down at least one word or phrase for each color personality and at least one article of clothing favored by that person. You will hear each set of statements twice.

EL COLOR	LA ROPA	LA PERSONALIDAD
Rojo		
Amarillo		
Morado		
Azul		
Anaranjado		
Marrón		
Gris		
Verde		
Negro		

Actividad 10

Answer the following questions about clothing and shopping in complete sentences.

1. ¿Quién va mucho de compras en tu familia?

   _____

2. ¿Piensas comprar ropa nueva esta estación? ¿Qué piensas comprar?

   _____

3. ¿Cuál prefieres, la ropa del verano o la ropa del invierno? ¿Por qué?

   _____

   _____

4. ¿Prefieres la ropa de tus amigos o la ropa de tus padres? ¿Por qué?

   _____

   _____

5. ¿Prefieres llevar ropa formal o informal?

   _____

6. ¿Qué llevas normalmente para ir a la escuela?

   _____

   _____

7. ¿Cuál es tu ropa favorita? Describe.

   _____

   _____

WRITING

Actividad 11

Some students are thinking about what to wear for the next school dance. Look at the pictures, then write complete sentences telling what the students might be thinking. Use the verbs **pensar, querer,** or **preferir.** Follow the model.

Modelo

María piensa llevar un vestido negro al baile. También quiere llevar unos zapatos negros. Quiere ser muy elegante.

1. _____

_____

_____

2. _____

_____

_____

3. _____

_____

Nombre _____ Hora _____

Fecha _____ **WRITING**

Actividad 12

Pedro works in a department store and handles customer inquiries in the clearance clothing department. The items in his department are on sale, while the items in the rest of the store are full price. Help him answer customers' questions about the merchandise by writing complete sentences that include demonstrative adjectives. Follow the model.

Modelo ¿Cuánto cuestan los suéteres?

Estos suéteres aquí cuestan cuarenta dólares y esos allí cuestan sesenta.

1. ¿Cuánto cuesta una gorra negra?

   _____

2. ¿Cuánto cuestan los pantalones?

   _____

3. ¿Las camisas cuestan diez dólares?

   _____

4. ¿Cuánto cuesta un traje de baño?

   _____

5. ¿Los jeans cuestan mucho?

   _____

6. ¿La sudadera azul cuesta veinte dólares?

   _____

7. ¿Cuánto cuestan las botas aquí?

   _____

8. ¿Los abrigos cuestan mucho?

   _____

Nombre _____   Hora _____

Fecha _____

Actividad 13

You get a discount at the clothing store where you work after school, so you are going to buy presents for your friends and family there. Write complete sentences telling who you will buy gifts for and why you will choose each person's gift. Use the model to help you.

Modelo	*Pienso comprar este suéter azul para mi madre porque ella prefiere la ropa del invierno.*

1. _____
   _____

2. _____
   _____

3. _____
   _____

4. _____
   _____

5. _____
   _____

Nombre _____ Hora _____

Fecha _____

VIDEO

Antes de ver el video

Actividad 1

Where do you like to shop? With a partner, write three things you like to buy and the best place to buy them.

Cosas para comprar

_____

_____

_____

Lugares donde comprarlas

_____

_____

_____

¿Comprendes?

Actividad 2

In the video, Claudia and Manolo go many places to find a gift for Manolo's aunt. Look at the places from the video below and number them in the order in which Manolo and Claudia pass them (from beginning to end).

_____ el almacén

_____ la joyería

_____ la tienda de software

_____ la parada de autobuses

_____ el centro comercial

Nombre _____

Hora _____

Fecha _____

VIDEO

Actividad 3

What happens when Claudia helps Manolo shop? Circle the letter of the correct answers.

1. Manolo necesita comprar un regalo para su tía porque

   a. mañana es su cumpleaños.

   b. mañana es su aniversario de bodas.

   c. mañana es su quinceañera.

2. El año pasado Manolo le compró a su tía

   a. unos aretes en la joyería.

   b. un libro en una librería.

   c. una corbata muy barata.

3. En el centro comercial, ellos ven

   a. videojuegos y software.

   b. pocas cosas en descuento.

   c. anteojos para sol, bolsos, carteras y llaveros.

4. Por fin, deciden comprar para la tía

   a. una cartera.

   b. un collar.

   c. un anillo.

5. Hay una confusión y Manolo le regala a la tía

   a. una pulsera.

   b. unos guantes.

   c. un collar de perro.

Nombre _____

Hora _____

Fecha _____

VIDEO

Y, ¿qué más?

Actividad 4

You are shopping for a birthday gift for your mother. Fill in the dialogue below with your possible responses.

DEPENDIENTE: ¿Qué desea usted?

TÚ: _____

_____

DEPENDIENTE: ¿Prefiere ver ropa, perfumes o joyas para ella?

TÚ: _____

_____

DEPENDIENTE: Aquí hay muchos artículos, pero no cuestan tanto.

TÚ: _____

_____

Nombre _____ Hora _____

Fecha _____

Actividad 5

Sometimes giving gifts is even more fun than receiving them! Listen as people talk about gifts they enjoy giving to their friends and family. Match the pictures below with the corresponding description you hear. Then, in the spaces next to each gift, write where the person bought the gift and what the person paid for it. You will hear each set of statements twice.

	Descripción	Lugar de compra	Precio
1.	_____	_____	_____
2.	_____	_____	_____
3.	_____	_____	_____
4.	_____	_____	_____
5.	_____	_____	_____

Actividad 6

Listen to the following mini-conversations about different kinds of stores. Circle **lógico** if the conversation makes sense and **ilógico** if it does not. You will hear each dialogue twice.

1. lógico	ilógico		**6.** lógico	ilógico
2. lógico	ilógico		**7.** lógico	ilógico
3. lógico	ilógico		**8.** lógico	ilógico
4. lógico	ilógico		**9.** lógico	ilógico
5. lógico	ilógico		**10.** lógico	ilógico

Realidades B

Nombre _____

Hora _____

Capítulo 7B

Fecha _____

AUDIO

Actividad 7

Listen as Lorena shows a friend her photographs. Write a sentence describing each one as you hear Lorena describe it. You will hear each conversation twice.

1. Lorena _____ hace _____.

2. Lorena _____ hace _____.

3. Lorena _____ hace _____.

4. Lorena _____ hace _____.

5. Lorena _____ hace _____.

Actividad 8

You have been waiting in line all day at the mall, so you have overheard many conversations as you waited. See if you can match each conversation with the illustrations below and write the number of each conversation under the correct illustration. You will hear each conversation twice.

_____   _____   _____   _____

Nombre _____ Hora _____

Fecha _____

AUDIO

Actividad 9

As a special holiday service, **El Almacén Continental** is sponsoring a hotline that customers can call to get gift ideas. Listen as callers tell the store specialist what they have bought for a particular person in the past. Then listen to the specialist's suggestion for this year's gift. Use the chart below to take notes. You will hear each conversation twice.

	La personalidad y las actividades de la persona	El regalo del año pasado	¿Un regalo para este año?
1			
2			
3			
4			
5			

Actividad 10

You are talking to a friend about what you buy when you go shopping. Tell what items you usually buy in each of the specialty shops suggested by the pictures. Then, tell what other items are available at the store. Use the model to help you.

Modelo

En la zapatería, compro zapatos y botas. También es posible comprar guantes y carteras en una zapatería.

1. _____

_____

_____

2. _____

_____

_____

3. _____

_____

_____

Nombre _____ Hora _____

Fecha _____ **WRITING**

Actividad 11

In your Spanish class, you are asked to learn the dates of some important events in the history and culture of Spanish-speaking countries. To help you memorize these dates, write sentences telling when each event occurred. Follow the model.

Modelo   Pablo Picasso / pintar su cuadro *Guernica* / 1937

   Pablo Picasso pintó su cuadro Guernica en 1937.

1. Los Estados Unidos / declarar su independencia / el cuatro de julio, 1776

   _____

2. Vicente Fox / ganar la presidencia de México / 2000

   _____

3. Antonio Banderas / actuar en la película *The Mambo Kings* / 1993

   _____

4. Los jugadores argentinos / ganar la Copa Mundial (*World Cup*) / 1986

   _____

5. Yo / comprar mis primeros zapatos / ???

   _____

6. Nosotros / entrar en la clase de español / ???

   _____

7. Los Juegos Olímpicos / pasar en España / 1992

   _____

8. México / declarar su independencia / el quince de septiembre, 1810

   _____

9. Simón Bolívar / liberar a Venezuela / 1821

   _____

Realidades B

Capítulo 7B

Nombre _____

Fecha _____

Hora _____

WRITING

Actividad 12

The people in your neighborhood were very busy yesterday. Write at least three sentences about what they all did based on the pictures, using at least one of these verbs: **buscar, jugar, pagar, practicar, sacar, tocar.** Follow the model.

Modelo   El Sr. Rodríguez

Ayer el Sr. Rodríguez enseñó la clase de español. La clase practicó la lección. Los estudiantes usaron las computadoras para hacer las actividades.

1. Andrés

_____

_____

_____

2. yo

_____

_____

_____

3. yo   mi madre

_____

_____

_____

Nombre _____   Hora _____

Fecha _____   **WRITING**

4.   tú

_____

_____

_____

5.   Juana e Inés

_____

_____

_____

Actividad 13

You are writing a letter to your aunt in Mexico to tell her what you bought for your family for the holidays. In the letter, tell what you bought for each person, in what stores you found the items, and how much you paid. The letter has been started for you.

Querida Tía:

   Saludos de los Estados Unidos. Te escribo para decirte que terminé de comprar los

regalos para la familia. Para _____ , compré un suéter bonito. ¡Lo encontré en

el almacén por sólo veinte dólares! _____

_____

_____

_____

_____

   Bueno, nos vemos en una semana. ¡Buena suerte con las compras!

                                        Un fuerte abrazo,

                                        Tu sobrino(a) _____

Realidades Ⓑ

Capítulo 8A

Nombre _____

Fecha _____

Hora _____

VIDEO

Antes de ver el video

Actividad 1

You can see and learn a lot on a day trip. Make a list of four places you would like to visit for the day, and write next to each one the main attraction that you would like to see there. Follow the model.

Lugares	Cosas que ver
Modelo _Granada, España_	_La Alhambra_
_____	_____
_____	_____
_____	_____
_____	_____

¿Comprendes?

Actividad 2

Raúl, Gloria, and Tomás went on a day trip to San José and Sarapiquí Park. Under each heading, write the things that they saw in San José and the things that they saw in Sarapiquí Park.

Ministerio de Cultura	mono	Parque España	Catarata La Paz
Gran Terminal del Caribe	palma	bosque lluvioso	Teatro Nacional

San José	Parque Sarapiquí
_____	_____
_____	_____
_____	_____
_____	_____

VIDEO

Actividad 3

Based on the video story that you just watched, circle the most appropriate word to complete each statement.

1. Raúl, Gloria y Tomás salieron de la casa muy (tarde / temprano) para ir al parque Sarapiquí.

2. Para ir al parque ellos tomaron el (autobús / avión).

3. El viaje dura (una hora y media / dos horas), porque el parque está a 82 (kilómetros / millas) de San José.

4. En el parque (hace mucho calor / no hace ni frío ni calor) pero llueve mucho.

5. Raúl compra los (libros / boletos) en la Estación Biológica La Selva y cuestan 3,600 (pesos / colones).

6. Tomás tiene la (mochila / cámara) y el (boleto / mapa) y está listo para explorar el parque.

7. Ellos tienen mucho cuidado cuando caminan, pues las raíces de los árboles son muy (grandes / interesantes).

8. Gloria le dice a Tomás: "Hay más de cuatrocientas especies de (monos / aves) en el parque."

9. Ellos tienen problemas al (sacar las fotos / regresar a casa). Pero Tomás (quiere / no quiere) continuar.

10. Raúl dice: "Fue un día (interesante / desastre) pero un poco (difícil / aburrido) para Tomás."

Nombre _____   Hora _____

Fecha _____

VIDEO

Y, ¿qué más?

Actividad 4

Based on what you learned in the video, imagine that you took a field trip to Costa Rica. Your best friend is curious about your trip. Answer your friend's questions below.

1. —¿Cómo es el parque Sarapiquí?

   _____

2. —¿Sacaste fotos del parque?

   _____

3. —¿Qué fue lo que más te gustó?

   _____

4. —¿Qué fue lo que menos te gustó?

   _____

5. —¿Cuál es la comida típica de Costa Rica?

   _____

AUDIO

Actividad 5

You call a toll-free telephone number in order to qualify for the popular radio game show, **"Palabras Secretas"** (*Secret Words*). Your challenge is to guess each secret word within ten seconds. Listen to the clues and try to guess the word as the clock is ticking. You must write your answer down before the buzzer in order to be ready for the next one. You will hear each set of statements twice.

1. _____   5. _____

2. _____   6. _____

3. _____   7. _____

4. _____   8. _____

Actividad 6

Listen as a husband and wife talk to a travel agent about their upcoming vacation. Where would each like to go? What type of things would each like to do? Most importantly, do they agree on what is the ideal trip? As you listen, write as much information as you can in each person's travel profile in the chart below. Can you think of a place they could go where both of them would be happy? You will hear this conversation twice.

	EL SEÑOR	LA SEÑORA
¿Adónde le gustaría ir?		
¿Por qué le gustaría ir a ese lugar?		
Cuando va de vacaciones, ¿qué le gustaría hacer?	1. 2.	1. 2.
¿Qué le gustaría ver?	1. 2.	1. 2.
¿Cómo le gustaría viajar?		
¿Adónde deben ir?		

Actividad 7

Listen as mothers call their teenaged sons and daughters on their cell phones to see if they have done what they were asked to do. Based on what each teenager says, categorize the answers in the chart. You will hear each conversation twice.

	1	2	3	4	5	6	7	8	9	10
Teen did what the parent asked him or her to do.										
Teen is in the middle of doing what the parent asked him or her to do.										
Teen says he/she is going to do what the parent asked him/her to do.										

Actividad 8

Your Spanish teacher has asked the students in your class to survey each other about a topic of interest. In order to give you a model to follow, your teacher will play a recording of part of a student's survey from last year. Listen to the student's questions, and fill in his survey form. You will hear each conversation twice.

	¿EL LUGAR?
1. Marco	
2. Patricia	
3. Chucho	
4. Rita	
5. Margarita	

Actividad 9

Everyone loves a superhero, and the listeners of this Hispanic radio station are no exception. Listen to today's episode of "Super Tigre," as the hero helps his friends try to locate the evil Rona Robles! Super Tigre tracks Rona Robles down by asking people when they last saw her and where she went. Keep track of what the people said by filling in the chart. You will hear each conversation twice.

	¿Dónde la vio?	¿A qué hora la vio?	¿Qué hizo ella? *(What did she do?)*	¿Adónde fue ella?
1				
2				
3				
4				
5				

Where did Super Tigre finally find Rona Robles? _____

Actividad 10

Answer the following questions in complete sentences.

1. ¿Te gusta ir de viaje? ¿Te gustaría más ir de vacaciones al campo o a una ciudad?

   _____

   _____

2. ¿Visitaste algún parque nacional en el pasado? ¿Cuál(es)? Si no, ¿te gustaría visitar

   un parque nacional? _____

   _____

3. ¿Vives cerca de un lago? ¿Cómo se llama? ¿Te gusta nadar? ¿Pasear en bote?

   _____

   _____

4. ¿Te gusta ir al mar? ¿Qué te gusta hacer allí? Si no, ¿por qué no? _____

   _____

   _____

5. ¿Montaste a caballo alguna vez? ¿Te gustó o no? Si no, ¿te gustaría montar a caballo?

   _____

   _____

6. Describe tu lugar favorito para vivir. ¿Está cerca de un lago? ¿Cerca o lejos de
   la ciudad? ¿Hay montañas / museos / parques / un mar cerca de tu casa ideal?

   _____

   _____

   _____

   _____

Realidades Ⓑ

Capítulo 8A

Nombre _____

Hora _____

Fecha _____

WRITING

Actividad 11

You and your friends are talking about what you did over the weekend. Write complete sentences based on the illustrations to tell what the following people did. Follow the model.

Modelo   Pablo *vio una película* _____.

1.   Mariela y su madre _____.

2.   Nosotros _____.

3.   Yo _____.

4.   Roberto _____.

5.   Norma _____.

6.   Tú _____.

7.   Ignacio e Isabel _____.

Realidades Ⓑ

Capítulo 8A

Nombre _____

Hora _____

Fecha _____

WRITING

Actividad 12

You and your friends were very busy yesterday. Tell all the places where each person went using the illustrations as clues. Follow the model.

Modelo

Melisa y su padre   _fueron de compras._
Después, fueron al cine.

1.

David _____

_____

_____

2.

Yo _____

_____

_____

3.

Nosotros _____

_____

_____

4.

Raquel y Tito _____

_____

_____

Realidades **B**

Capítulo 8A

Nombre _____

Hora _____

Fecha _____

WRITING

Actividad 13

A. Write two sentences telling what places you visited the last time you went on vacation. You can write about your ideal vacation if you would prefer. Follow the model.

Modelo *Fui al parque de diversiones.* _____

1. _____

2. _____

B. Write two sentences telling about people you saw when you were on vacation.

Modelo *Vi a mi abuela.* _____

1. _____

2. _____

C. Now, complete the letter below to your friend. Use your sentences from Part A and Part B and additional details to tell him or her about your vacation.

Querido(a) _____ :

   ¡Hola! ¿Cómo estás? Gracias por tu carta de la semana pasada. Te voy a contar un

poco de nuestras vacaciones del mes pasado. _____

_____

_____

_____

_____

   Y cuando fuimos a otro lugar, vimos _____

_____

_____

_____

_____

_____

                               Un abrazo,

                               _____

Nombre _____ Hora _____

Fecha _____ **VIDEO**

Antes de ver el video

Actividad 1

There are lots of things you can do to make the world a better place. Under each category, write two things that you would like to do to help.

Cómo ayudar...

en mi comunidad _____

_____

con el ambiente _____

_____

¿Comprendes?

Actividad 2

In the video, the friends talk about how to help in their communities through volunteer work. Circle the letter of the appropriate answer for each question.

1. Gloria y Raúl trabajan como voluntarios en

   a. un centro de ancianos.

   b. Casa Latina.

   c. el Hospital Nacional de Niños.

2. Tomás va al hospital porque

   a. está enfermo.

   b. a él le encanta el trabajo voluntario.

   c. tiene que llevar ropa para los niños.

3. Gloria dice: "Trabajar con los niños en el hospital es

   a. muy aburrido."

   b. una experiencia inolvidable."

   c. un trabajo que no me gusta."

Realidades **B**

Capítulo 8B

Nombre _____

Hora _____

Fecha _____

VIDEO

4. En su comunidad, Tomás trabaja como voluntario

    a. dando comida a los pobres.

    b. enseñando a leer a los ancianos.

    c. recogiendo ropa usada para los pobres.

5. Ellos también cuidan el ambiente reciclando

    a. aluminio y periódicos.

    b. papel, plástico y vidrio.

    c. papel, vidrio y aluminio.

Actividad 3

Fill in the blanks from the box below to complete the story.

reciclar	importante	libros	pasado
ancianos	comunidad	voluntarios	difícil
lava	simpáticos	trabajo	

En el Hospital Nacional de Niños, Tomás y Gloria trabajan como (1) _____ .

Allí ellos cantan, leen (2) _____ y juegan con los niños. A veces los niños

están muy enfermos y es (3) _____ , pero los niños son muy

(4) _____ . Raúl trabajó en un centro de (5) _____ el año (6)

_____ . Allí les ayudó con la comida y hablando con ellos.

    Tomás también trabaja en su (7) _____ ; él ayuda a recoger ropa usada.

Después la separa, la (8) _____ y luego la da a la gente pobre del barrio.

Es mucho (9) _____ , pero le gusta.

    Todos ellos ayudan a (10) _____ el papel y las botellas pues, piensan que

reciclar y conservar es muy (11) _____ .

Nombre _____ Hora _____

Fecha _____

VIDEO

Y, ¿qué más?

Actividad 4

Now that you have seen Tomás, Gloria, and Raúl working in various ways to help others, think about the organizations that make it possible for them to do this work. Imagine that you work with one of the organizations listed below, and write a paragraph about your experiences. Use the model to help you.

el Hospital Nacional de Niños

un centro de ancianos

el club Casa Latina

Modelo   *Me gusta trabajar en el centro de ancianos. Les ayudo con la* _____

comida y paso tiempo escuchando sus cuentos. _____

_____

_____

_____

_____

_____

_____

Nombre _____ Hora _____

Fecha _____

AUDIO

Actividad 5

Listen as Sra. Muñoz, the Spanish Club sponsor, asks several students what they did last weekend. If a student's actions had a positive impact on their community, place a check mark in the corresponding box or boxes. If a student's actions had no positive effect on their community, place an *X* in the corresponding box or boxes. You will hear each conversation twice.

	Javier	Ana	José	Celi	Pablo	Laura	Sra. Muñoz
enseñar a los niños a leer							
reciclar la basura de las calles							
jugar al fútbol con amigos							
recoger y lavar la ropa usada para la gente pobre							
trabajar en un centro para ancianos							
traer juguetes a los niños que están en el hospital							
trabajar en un restaurante del centro comercial							

Actividad 6

Listen as people talk about what they did last Saturday. Did they do volunteer work in the community or did they earn spending money for themselves? Place a check mark in the correct box on the grid. You will hear each set of statements twice.

	1	2	3	4	5	6	7	8

Realidades B

Capítulo 8B

Nombre _____

Fecha _____

Hora _____

AUDIO

Actividad 7

Listen as our leaders, friends, and family give advice to teenagers about what we must do to serve our communities. Use the grid below to take notes as you listen. Then, use your notes to complete the sentences below. For example, you might write **"El vicepresidente de los Estados Unidos** *dice que hay que reciclar la basura de las calles."* In the last sentence, complete a statement about your personal suggestion for others. You will hear each set of statements twice.

¿Quién(es) lo dice(n)?	¿Qué dice(n)?
1. El presidente de los Estados Unidos	
2. Mis padres	
3. Los médicos del hospital	
4. Mis profesores	
5. Mis amigos y yo	

1. El presidente de los Estados Unidos _____

_____.

2. Los padres _____

_____.

3. Los médicos _____

_____.

4. Los profesores _____

_____.

5. Mis amigos _____

_____.

6. Yo _____

_____.

Realidades B

Capítulo 8B

Nombre _____

Fecha _____

Hora _____

AUDIO

Actividad 8

As you hear each of the following statements, imagine whom the speaker might be addressing. Choose from the list of people, and write the number of the statement on the corresponding blank. You will hear each set of statements twice.

_____ al médico

_____ a la policía

_____ al camarero

_____ a la profesora de español

_____ a sus padres

_____ a un niño de cinco años

_____ a un voluntario del hospital

_____ a una persona que trabaja en el zoológico

Actividad 9

Abuela Consuelo always has her grandchildren over for the holidays. She wants to know what they have done over the past year. They also remind her what she gave them last year as a gift. Use the grid to help keep track of each grandchild's story. You will hear each conversation twice.

	¿Qué hizo el niño el año pasado?	¿Qué le dio la abuela al niño el año pasado?
Marta		
Jorge		
Sara		
Miguel		
Angélica		

Realidades 1

Capítulo 8B

Nombre _____

Fecha _____

Hora _____

WRITING

Actividad 10

Answer the following questions in complete sentences.

1. ¿Hay lugares para hacer trabajo voluntario en tu comunidad?

_____

¿Qué hacen allí? _____

_____

2. ¿Te gustaría trabajar como voluntario en:

un hospital? ¿Por qué? _____

_____

un centro para personas pobres? ¿Por qué? _____

_____

un centro para ancianos? ¿Por qué? _____

_____

3. ¿Tu familia recicla? _____

¿Qué reciclan Uds.? _____

_____

¿Por qué es importante reciclar? _____

_____

¿Te gustaría ayudar con el reciclaje en tu comunidad? ___

_____

Nombre _____   Hora _____

Fecha _____

WRITING

Actividad 11

All of the following people were asked to speak on a subject. You are reporting on what everyone says. Use each item only once. Follow the model.

yo	el trabajo voluntario
nosotros	el campamento de deportes
Sra. Ayala	el reciclaje
Dr. Riviera	el fútbol
tú	el teatro
Paco	la ropa
José y María	la salud
Alicia y yo	los quehaceres

Modelo	_La señora Ayala dice que el trabajo voluntario es una_
	experiencia inolvidable.

1. _____

2. _____

3. _____

4. _____

5. _____

6. _____

7. _____

Actividad 12

You are finding out what everyone's plans are for the weekend. Choose a verb and a direct object pronoun from the banks and write a sentence about weekend plans for each subject given. Use each verb only once. Follow the model.

ayudar	dar	decir	enseñar	escribir
hacer	invitar	leer	llevar	traer

| me | te | le | nos | les |

Modelo _Miguel y Elena nos invitan a su fiesta._ _____

1. Mis padres _____.

2. Yo _____.

3. Uds. _____.

4. Nuestra profesora de español _____.

5. El presidente _____.

6. Rafael y Gabriel _____.

7. Tu mejor amigo _____.

8. El Sr. Fuentes _____.

9. La Sra. Allende _____.

10. Tú _____.

Realidades B

Capítulo 8B

Nombre _____

Hora _____

Fecha _____

WRITING

Actividad 13

Last week, your Spanish class did some volunteer work at the local nursing home. Read the thank you letter from the residents, then write a paragraph explaining at least four things that you and your classmates did for them. Remember to use the preterite tense and indirect object pronouns where necessary. Follow the model.

Queridos muchachos:

Les escribimos para decirles "gracias" por su generosa visita de la semana pasada. A la señora Blanco le gustó el libro de poesía que Uds. le regalaron. Todos lo pasamos bien. Nos gustó especialmente la canción "Feliz Navidad" que cantó Luisita. El señor Marcos todavía habla de los pasteles que las chicas le trajeron. Y nuestro jardín está más bonito que nunca, después de todo su trabajo. En fin, mil gracias de parte de todos aquí en Pinos Sombreados. Esperamos verles pronto.

Fuertes abrazos,

Los residentes

Modelo   _Nosotros visitamos a los residentes de Pinos Sombreados la semana pasada._

_____

_____

_____

_____

_____

_____

_____

_____

_____

_____

Nombre _____ Hora _____

Fecha _____

VIDEO

Antes de ver el video

Actividad 1

In the second column, write the title of a movie or a television program that is associated with the category in the first column. The first one is done for you.

Programa o película	Nombre del programa o película
telenovelas	"Days of Our Lives"
noticias	
programas de entrevistas	
programas de la vida real	
películas de ciencia ficción	
programas de concurso	
programas educativos	
programas de deportes	
comedias	
dibujos animados	
películas románticas	
programas infantiles	

Nombre _____ Hora _____

Fecha _____

VIDEO

¿Comprendes?

Actividad 2

Look at the pictures and write what type of program each one is. Then, write the name of the character in the video who likes this type of program.

	CATEGORY	**CHARACTER'S NAME**
1.	_____	_____
2.	_____	_____
3.	_____	_____
4.	_____	_____
5.	_____	_____

Actividad 3

Using complete sentences, answer the following questions about what happens in the video.

1. ¿Quién tiene el mando a distancia primero?

_____

2. ¿Qué piensa Ana de la telenovela "El amor es loco"?

_____

3. ¿A quiénes les encantan las telenovelas?

_____

4. ¿Qué piensa Ignacio de los programas de la vida real?

_____

5. ¿Qué piensa Jorgito de escuchar música en el cuarto de su hermana?

_____

6. ¿Qué deciden hacer los amigos al final?

_____

7. ¿Qué quiere ver Elena en el cine? ¿Están de acuerdo Ignacio y Javier?

_____

Y, ¿qué más?

Actividad 4

What kind of TV programs do you like? What type of movies do you enjoy watching? Explain your preferences. Follow the model.

Modelo

A mí me gustan mucho los programas de concursos; son muy divertidos porque puedes jugarlos en casa con tu familia o amigos. Mi hermano prefiere los deportes; siempre quiere el mando a distancia para ver los juegos. Cuando voy al cine prefiero ver comedias, pues las películas románticas son aburridas.

_____

_____

_____

_____

Nombre _____   Hora _____

Fecha _____

AUDIO

Actividad 5

Your friend is reading you the television line-up for a local television station. After listening to each program description, fill in on the grid what day or days the program is shown, what time it is shown, and what type of program it is. You will hear each set of statements twice.

	Día(s)	Hora	Clase de programa
"Mi computadora"			
"La detective Morales"			
"Cine en su sofá"			
"Las aventuras del Gato Félix"			
"Cara a cara"			
"Lo mejor del béisbol"			
"Marisol"			
"Festival"			
"Treinta minutos"			
"Las Américas"			

Actividad 6

Listen as people in a video rental store talk about what kind of movie they want to rent. After listening to each conversation, put the letter of the type of film they agree on in the space provided. You will hear each conversation twice.

1. _____   A. una película policíaca

2. _____   B. una comedia

3. _____   C. un drama

4. _____   D. una película de ciencia ficción

5. _____   E. una película romántica

6. _____   F. una película de horror

7. _____   G. una película de dibujos animados

Nombre _____

Hora _____

Fecha _____

Actividad 7

Listen to a film critic interviewing five people on opening night of the movie *Marruecos.* After listening to each person's interview, circle the number of stars that closely matches the person's opinion of the movie, from a low rating of one star to a high rating of four. After noting all of the opinions, give the movie an overall rating of one to four stars, and give a reason for your answer. You will hear each conversation twice.

	No le gustó nada	Le gustó más o menos	Le gustó mucho	Le encantó
1.	[★]	[★★]	[★★★]	[★★★★]
2.	[★]	[★★]	[★★★]	[★★★★]
3.	[★]	[★★]	[★★★]	[★★★★]
4.	[★]	[★★]	[★★★]	[★★★★]
5.	[★]	[★★]	[★★★]	[★★★★]

¿Cuántas estrellas para *Marruecos*? ¿Por qué? _____

Actividad 8

Listen as two friends talk on the phone about what they just saw on TV. Do they seem to like the same type of programs? As you listen to their conversation, fill in the Venn diagram, indicating: 1) which programs only Alicia likes; 2) which programs both Alicia and Laura like; and 3) which programs only Laura likes. You will hear this conversation twice.

Nombre _____

Hora _____

Fecha _____

AUDIO

Actividad 9

Listen as a television critic reviews some of the new shows of the season. As you listen, determine which shows he likes and dislikes, and why. Fill in the chart. You will hear each paragraph twice.

	Le gusta...	¿Por qué le gusta?	No le gusta...	¿Por qué no le gusta?
1				
2				
3				
4				
5				

Realidades B

Capítulo 9A

Nombre _____

Hora _____

Fecha _____

WRITING

Actividad 10

Answer the following questions about movies and television.

1. ¿Te gusta ir al cine?

   _____

2. ¿Prefieres los dramas o las comedias? ¿Por qué? _____

   _____

3. ¿Cómo se llama tu película favorita? ¿Qué clase de película es?

   _____

   _____

4. ¿Te gustan las películas policíacas? ¿Por qué? _____

   _____

5. ¿Te gusta más ver le tele o leer? ¿Por qué? _____

   _____

   _____

6. ¿Qué clase de programas prefieres? ¿Por qué? _____

   _____

   _____

7. ¿Cuántos canales de televisión puedes ver en casa? _____

   ¿Cuál es tu canal favorito? _____

   ¿Por qué? _____

8. ¿Tienes un programa favorito? ¿Cómo se llama? _____

   _____

Realidades B

Capítulo 9A

Nombre _____

Fecha _____

Hora _____

WRITING

Actividad 11

Your school newspaper printed a picture of the preparations for the Cinco de Mayo party at your school. Describe the photo using a form of **acabar de** + infinitive to tell what everyone just finished doing before the picture was taken.

| Modelo | *Horacio Ibáñez acaba de sacar la foto.* _____ |

1. Isabel _____

_____

2. Julia y Ramón _____

_____

3. Yo _____

_____

4. La señora Lemaños _____

_____

5. Ana _____

_____

Realidades B

Capítulo 9A

Nombre _____

Hora _____

Fecha _____

WRITING

Actividad 12

You and your friends are talking about movies. Tell about people's preferences by choosing a subject from the first column and matching it with words from the other two columns to make complete sentences. Use each subject only once, but words from the other columns can be used more than once. Follow the model.

nosotros	gustar	las películas románticas
mis padres	encantar	las película de horror
mí	aburrir	las películas policíacas
ti	interesar	las comedias
los profesores	disgustar	los dramas
mis amigas		
mi abuelo		

Modelo   *A mí me encantan las películas románticas.* _____

1. _____

2. _____

3. _____

4. _____

5. _____

6. _____

Nombre _____ Hora _____

Fecha _____

WRITING

Actividad 13

You are writing your new Spanish-speaking pen pal an e-mail about American television. First tell him about a program that you just saw. What type of show was it? Did you like it? Was it interesting? Then, tell him about two other types of TV shows that are popular in America. Make sure to tell him your opinion of these types of shows, and what some other people you know think about them.

Fecha: 20 de abril

Tema: La televisión

Querido Pancho:

    ¡Hola! ¿Cómo estás? Acabo de terminar de ver el programa _____

_____ . A mí _____

_____

_____

_____

    En los Estados Unidos, la gente ve mucho la tele. _____

_____

_____

_____

_____

_____

¡Te escribo pronto!

                                             Un abrazo,

                                      _____

Nombre _____ Hora _____

Fecha _____

Antes de ver el video

Actividad 1

How do you communicate with your friends from far away? Using the word bank below, write two sentences about how you might stay in touch with long distance friends.

cámara digital	correo electrónico
ordenador / computadora	cibercafé
navegar en la Red	página Web
información	salones de chat
dirección electrónica	foto digital

_____

_____

_____

_____

¿Comprendes?

Actividad 2

Javier is becoming accustomed to living in Spain, but he has a lot to learn about technology. What does Ana teach him? Write **cierto** (*true*) or **falso** (*false*) next to each statement.

1. Javier conoce muy bien las cámaras digitales. _____

2. Él va a enviar una tarjeta a su amigo Esteban. _____

3. Javier le saca una foto de Ana y le gusta la cámara. _____

4. Él piensa que no es muy complicada la cámara digital. _____

5. Ana lo lleva a un cibercafé, para ordenar un café. _____

6. Empiezan a navegar en la Red. _____

7. Ana busca su página Web, pero Javier no la quiere ver. _____

8. No hay mucha información en la Red. _____

9. Pueden visitar los salones de chat, pero
   prefieren escribirle un correo electrónico a Esteban. _____

10. Esteban ve la foto digital de su amigo y piensa que está triste. _____

Actividad 3

Complete the sentences below with information from the video.

Javier va a enviar _____ a

1. su amigo Esteban.

Ana saca muchas fotos con su

2. _____ .

A Javier le gusta la cámara de Ana porque no

3. es muy _____ .

Ana y Javier van a un _____ para

4. escribirle a Esteban por _____ electrónico.

Según Ana, el ordenador _____

5. para mucho.

Javier quiere saber qué tal fue el _____

6. de Cristina.

Nombre _____ Hora _____

Fecha _____

VIDEO

Y, ¿qué más?

Actividad 4

You heard Ana and Javier talk about the many ways they use computers. Write a paragraph describing your two favorite ways to use a computer. Use the model to give you an idea of how to start.

Modelo *En mi casa todos usan la computadora. Para mí el uso más importante es...*

_____

_____

_____

_____

_____

_____

Nombre _____

Hora _____

Fecha _____

Actividad 5

While navigating a new Web site, two friends click on a link to a self-quiz to find out if they are **CiberAdictos.** Based on their discussion of each question, write in the chart below whether you think they answered **sí** or **no**. According to the Web site, a score of more than six **sí** answers determines that you are a **CiberAdicto.** You will hear each set of statements twice.

	1	2	3	4	5	6	7	8	¿Es CiberAdicto?
Rafael									
Miguel									

Actividad 6

Víctor has studied for the first quiz in his beginning technology class. As the teacher reads each statement, he is to answer **falso** or **cierto**. Listen to the statements and write the answers in the boxes, and take the quiz too. Would you be able to score 100%? You will hear each statement twice.

1	2	3	4	5	6	7	8	9	10

Actividad 7

Listen to the following conversations that you overhear while sitting at a table in the Café Mariposa. After listening to what each person is saying, write what they asked for in the first column and what they were served in the second column. You will hear each statement twice.

Persona	Comida pedida	Comida servida
1. Señor Cruz		
2. Señora Vargas		
3. Señor Ávila		
4. Marcelo y Daniele		
5. Señor Urbina		
6. Señora Campos		
7. Señora Suerte		

Realidades B

Capítulo 9B

Nombre _____

Hora _____

Fecha _____

AUDIO

Actividad 8

Listen as teenagers talk to each other about what they need to learn how to do. The second teenager is always able to suggest someone whom the first teenager should ask for help. Match the person who is suggested to the correct picture. You will hear each set of statements twice.

_____   _____   _____

_____   _____   _____

Actividad 9

Listen as two people discuss how the computer and the Internet have changed our lives. As you listen, organize their points into two columns by summarizing what they say. You will hear each set of statements twice.

Antes de la computadora y la Red	Después de la computadora y la Red
1. _____	_____
2. _____	_____
3. _____	_____
4. _____	_____

Realidades B

Capítulo 9B

Nombre _____

Hora _____

Fecha _____

WRITING

Actividad 10

Read the following ad about a computer of the future. Then, answer the questions below.

CEREBRADOR: ¡EL FUTURO AHORA!

¿Está cansado de ver las computadoras del futuro en una película o de leer sobre ellas en una novela? ¿Quiere el futuro ahora? ¡Pues **Cerebrador** lo tiene!

♦ La información, los gráficos, la música en la Red...
   ¡todo sin límite!

♦ Grabar un disco, escribir un informe, navegar en la Red...
   ¡sólo hay que pensarlo y se logra en poco tiempo!

♦ ¿Tiene problemas de conexión o detesta sentarse a usar la computadora?
   Sólo necesita **Cerebrador** *y dos metros de espacio para poder ver todo en la pantalla: documentos, correo electrónico, su página Web, etc. Conecte a su propia cabeza.*

Con **Cerebrador** puede sacar fotos con una minicámara digital y crear diapositivas con ellas.

Llame ahora para pedir este fenómeno.

---

1. ¿Cómo se llama la computadora del anuncio?

_____

2. ¿Qué dice el anuncio que Ud. puede hacer con esta computadora?

_____

_____

_____

3. ¿Qué necesita para usar una computadora? ¿Es una computadora portátil?

_____

_____

_____

4. ¿Cree Ud. que es posible comprar una computadora como ésta? ¿Por qué?

_____

_____

_____

_____

Nombre _____

Hora _____

Fecha _____

WRITING

Actividad 11

Your favorite restaurant has great food, but the wait staff is always messing up the orders. Using the pictures as clues and the correct forms of the verbs **pedir** and **servir**, write what happens when the following people order their meals. Follow the model and remember to use the proper indirect object pronouns in your sentences.

Modelo   Yo   El camarero

Yo pido pescado pero el camarero me sirve pollo. _____

1.   Tú   Ellos

_____

2.   Nosotros   La camarera

_____

3.   María   Uds.

_____

4.   Ellos   Nosotros

_____

5.   Ramón y Yo   Los camareros

_____

WRITING

Actividad 12

Answer the following questions in 2–3 complete sentences using the verbs **saber** and/or **conocer**.

1. ¿Eres talentoso(a)? ¿Qué sabes hacer? ¿Tienes unos amigos muy talentosos? ¿Qué saben hacer ellos?

   _____

   _____

   _____

   _____

2. ¿Conoces a alguna persona famosa? ¿Quién? ¿Cómo es? ¿Alguien más en tu familia conoce a una persona famosa?

   _____

   _____

   _____

   _____

3. ¿Qué ciudades o países conocen tú y tu familia? ¿Cuándo los visitaste? ¿Qué lugares conocen tus amigos?

   _____

   _____

   _____

   _____

4. ¿Qué sabes de la geografía de Latinoamérica? (¿Sabes cuál es la capital de Uruguay? ¿Sabes cuántos países hay en Sudamérica?)

   _____

   _____

   _____

   _____

Realidades B

Capítulo 9B

Nombre

Hora

Fecha

WRITING

Actividad 13

Describe the **cibercafé** below. First, tell three things that you can do there. Next, tell three items that they serve at the café, using the verb **servir** and the food items in the picture. Finally, tell what you can do if you need assistance at the **cibercafé.** Use the verb **pedir**, and the verbs **saber** and **conocer** to discuss how knowledgeable the staff is (**Ellos saben ayudar.../ Ellos conocen bien la Red...**).

Ud. puede _____

_____

_____

_____

Allí ellos _____

_____

_____

_____

_____

_____

_____

_____

_____

Song Lyrics

These are the lyrics for the songs that appear on the Canciones CD.

Track 01

ALEGRE VENGO

Alegre vengo de la montaña
De mi cabaña que alegre está
A mis amigos les traigo flores
De las mejores de mi rosal
A mis amigos les traigo flores
De las mejores de mi rosal

Ábreme la puerta
Ábreme la puerta
Que estoy en la calle
Y dirá la gente
Que esto es un desaire
Y dirá la gente
Que esto es un desaire

A la sarandela, a la sarandela
A la sarandela, de mi corazón
A la sarandela, a la sarandela
A la sarandela, de mi corazón

Allá dentro veo, allá dentro veo
Un bulto tapado
No sé si será un lechón asado
No sé si será un lechón asado
A la sarandela...

Track 02

LA MARIPOSA

Vamos todos a cantar,
vamos todos a bailar
la morenada.

Vamos todos a cantar,
vamos todos a bailar
la morenada.

Con los tacos,
con las manos.
¡Viva la fiesta!

Con los tacos,
con las manos.
¡Viva la fiesta!

Track 03

ERES TÚ

Como una promesa eres tú, eres tú
como una mañana de verano;
como una sonrisa eres tú, eres tú;
así, así eres tú.

Toda mi esperanza eres tú, eres tú,
como lluvia fresca en mis manos;
como fuerte brisa eres tú, eres tú
así, así eres tú.

[estribillo]
Eres tú como el agua de mi fuente;
eres tú el fuego de mi hogar.
Eres tú como el fuego de mi hoguera;
eres tú el trigo de mi pan.

Como mi poema eres tú, eres tú;
como una guitarra en la noche.
Todo mi horizonte eres tú, eres tú;
así, así eres tú.

Eres tú como el agua de mi fuente;
eres tú el fuego de mi hogar.
Algo así eres tú;
algo así como el fuego de mi hoguera.
Algo así eres tú;
Mi vida, algo, algo así eres tú.

Eres tú como el fuego de mi hoguera;
eres tú el trigo de mi pan.
Algo así eres tú;
algo así como el fuego de mi hoguera.
Algo así eres tú;

Track 04

LA CUCARACHA

[estribillo]
La cucaracha, la cucaracha,
ya no quiere caminar,
porque no tiene, porque le falta
dinero para gastar.

La cucaracha, la cucaracha,
ya no quiere caminar,
porque no tiene, porque le falta
dinero para gastar.

Una cucaracha pinta
le dijo a una colorada:
Vámonos para mi tierra
a pasar la temporada.

Una cucaracha pinta
le dijo a una colorada:
Vámonos para mi tierra
a pasar la temporada.

La cucaracha, la cucaracha,
ya no quiere caminar,
porque no tiene, porque le falta
dinero para gastar.

Todas las muchachas tienen
en los ojos dos estrellas,
pero las mexicanitas
de seguro son más bellas.

Todas las muchachas tienen
en los ojos dos estrellas,
pero las mexicanitas
de seguro son más bellas.

La cucaracha, la cucaracha,
ya no quiere caminar,
porque no tiene, porque le falta
dinero para gastar.

Una cosa me da risa,
Pancho Villa sin camisa,
ya se van los carrancistas,
porque vienen los villistas.

Una cosa me da risa,
Pancho Villa sin camisa,
ya se van los carrancistas,
porque vienen los villistas.

La cucaracha, la cucaracha,
ya no quiere caminar,
porque no tiene, porque le falta
dinero para gastar.

Track 05

EL CÓNDOR PASA

Al cóndor de los Andes despertó
una luz,
una luz,
de un bello amanecer, amanecer.

Sus alas en lo alto extendió
y bajó,
y bajó,
al dulce manantial, para beber.

La nieve de las cumbres brilla ya
bajo el sol, el día y la luz.
La nieve de las cumbres brilla ya
bajo el sol, el día y la luz,
del bello amanecer, amanecer.

Al cóndor de los Andes despertó
una luz,
una luz,
de un bello amanecer, amanecer.

Sus alas en lo alto extendió
y bajó,
y bajó,
al dulce manantial, para beber.

La nieve de las cumbres brilla ya
bajo el sol, el día y la luz.
La nieve de las cumbres brilla ya
bajo el sol, el día y la luz,
del bello amanecer, amanecer.

Track 06

ASÓMATE AL BALCÓN

Asómate al balcón para que veas mi
parranda
Asómate al balcón para que veas
quien te canta
Asómate al balcón para que veas tus
amigos
Asómate al balcón
Formemos un vacilón

Asómate, asómate, asómate, asómate

Yo sé que quieres dormir
Pero así es la Navidad
Y si tú no te levantas
Te sacamos de la cama
Aunque tengas que pelear

Asómate al balcón para (se repite)

¡Asómate, asómate, asómate, asómate!

Track 07

LA BAMBA

Para bailar la bamba, para bailar la bamba
se necesita una poca de gracia,
una poca de gracia y otra cosita
y arriba y arriba,
y arriba y arriba y arriba iré,
yo no soy marinero, yo no soy marinero,
por ti seré, por ti seré, por ti seré.

Bamba, bamba...

Una vez que te dije, una vez que te dije
que eras bonita, se te puso la cara,
se te puso la cara coloradita
y arriba y arriba,
y arriba y arriba y arriba iré,
yo no soy marinero, yo no soy marinero,
soy capitán, soy capitán, soy capitán.

Bamba, bamba...

Para subir al cielo, para subir al cielo
se necesita una escalera grande,
una escalera grande y otra chiquita
y arriba y arriba,
y arriba y arriba y arriba iré,
yo no soy marinero, yo no soy marinero,
por ti seré, por ti seré, por ti seré.

Bamba, bamba...

Track 08

HIMNO DEL ATHLÉTIC DE BILBAO

Tiene Bilbao un gran tesoro
que adora y mima con gran pasión.
Su club de fútbol
de bella historia,
lleno de gloria,
mil veces campeón.

Athlétic, Athlétic club
de limpia tradición,
ninguno más que tú
lleva mejor blasón.

Del fútbol eres rey,
te llaman el león
y la afición el rey
del fútbol español.

Cantemos pues los bilbainitos,
a nuestro club con gran amor,
para animarle con nuestro himno,
el canto digno del Alirón.

¡Alirón! ¡Alirón!
el Athlétic es campeón.

Track 9

PARA ROMPER LA PIÑATA

Echen confites y canelones
pa' los muchachos
que son comilones.
Castaña asada, piña cubierta,
pa' los muchachos que van a la puerta.

Ándale, Lola,
no te dilates

con la canasta
de los cacahuates.

En esta posada
nos hemos chasqueado,
porque la dueña
nada nos ha dado.

Track 10

PIÑATA

Dale, dale, dale,
no pierdas el tino,

mide la distancia
que hay en el camino.

Track 11

LAS MAÑANITAS

Éstas son las mañanitas
que cantaba el Rey David,
pero no eran tan bonitas
como las cantan aquí.

[estribillo]
Despierta, mi bien, despierta,
mira que ya amaneció,
ya los pajarillos cantan,
la luna ya se metió.

Despierta, mi bien, despierta,
mira que ya amaneció,
ya los pajarillos cantan,
la luna ya se metió.

Si el sereno de la esquina
me quisiera hacer favor,
de apagar su linternita
mientras que pasa mi amor.

[estribillo]
Despierta, mi bien, despierta,
mira que ya amaneció,
ya los pajarillos cantan,
la luna ya se metió.

Despierta, mi bien, despierta,
mira que ya amaneció,
ya los pajarillos cantan,
la luna ya se metió.

Track 12

DE COLORES

De colores, de colores se visten los
campos en la primavera.
De colores, de colores son los pajaritos
que vienen de afuera.
De colores, de colores es el arco iris
que vemos salir.
Y por eso los grandes amores de
muchos colores me gustan a mí.
Y por eso los grandes amores de
muchos colores me gustan a mí.

De colores, de colores brillantes y finos
se viste la aurora.
De colores, de colores son los mil
reflejos que el sol atesora.
De colores, de colores se viste el
diamante que vemos lucir.
Y por eso los grandes amores de
muchos colores me gustan a mí.
Y por eso los grandes amores de
muchos colores me gustan a mí.

Track 13

MÉXICO LINDO Y QUERIDO

Voz de la guitarra mía,
al despertar la mañana,
quiere cantar su alegría
a mi tierra mexicana.

Yo le canto a tus volcanes,
a tus praderas y flores
que son como talismanes
del amor de mis amores.

México lindo y querido
si muero lejos de ti
que digan que estoy dormido
y que me traigan aquí.

México lindo y querido
si muero lejos de ti
que digan que estoy dormido
y que me traigan aquí.

Voz de la guitarra mía,
al despertar la mañana,
quiere cantar su alegría
a mi tierra mexicana.

Yo le canto a tus volcanes,
a tus praderas y flores
que son como talismanes
del amor de mis amores.

México lindo y querido
si muero lejos de ti
que digan que estoy dormido
y que me traigan aquí.

México lindo y querido
si muero lejos de ti
que digan que estoy dormido
y que me traigan aquí.

Track 14

MI CAFETAL

Porque la gente vive criticándome
Me paso la vida sin pensar en ná

Porque la gente vive criticándome
Paso la vida sin pensar en ná

Pero no sabiendo que yo soy el hombre
Que tengo un hermoso y lindo cafetal

Pero no sabiendo que yo soy el hombre
Que tengo un hermoso y lindo cafetal

Yo tengo mi cafetal
Y tú ya no tienes ná...

Yo tengo mi cafetal
Y tú ya no tienes ná...

Colombia mi tierra bonita

Nada me importa que la gente diga
Que no tengo plata que no tengo ná

Nada me importa que la gente diga
Que no tengo plata que no tengo ná

Pero no sabiendo que yo soy el hombre
Que tengo un hermoso y lindo cafetal

Pero no sabiendo que yo soy el hombre
Que tengo un hermoso y lindo cafetal

Yo tengo mi cafetal
Y tú ya no tienes ná..

Yo tengo mi cafetal
Y tú ya no tienes ná..

Track 15

MARÍA ISABEL

La playa estaba desierta,
el mar bañaba tu piel,
cantando con mi guitarra
para ti, María Isabel.

La playa estaba desierta,
el mar bañaba tu piel,
cantando con mi guitarra
para ti, María Isabel.

[estribillo]
Toma tu sombrero y póntelo,
vamos a la playa, calienta el sol.

Toma tu sombrero y póntelo,
vamos a la playa, calienta el sol.

Chiri biri bi, poro, pom, pom.
Chiri biri bi, poro, pom, pom.
Chiri biri bi, poro, pom, pom.
Chiri biri bi, poro, pom, pom.

En la arena escribí tu nombre
y luego yo lo borré
para que nadie pisara
tu nombre: María Isabel.

En la arena escribí tu nombre
y luego yo lo borré
para que nadie pisara
tu nombre: María Isabel.

[estribillo]
Toma tu sombrero y póntelo,
vamos a la playa, calienta el sol.

Toma tu sombrero y póntelo,
vamos a la playa, calienta el sol.

Chiri biri bi, poro, pom, pom.
Chiri biri bi, poro, pom, pom.
Chiri biri bi, poro, pom, pom.
Chiri biri bi, poro, pom, pom.

La luna fue caminando,
bajo las olas del mar;
tenía celos de tus ojos
y tu forma de mirar.

La luna fue caminando,
bajo las olas del mar;
tenía celos de tus ojos
y tu forma de mirar.

[estribillo]
Toma tu sombrero y póntelo,
vamos a la playa, calienta el sol.

Toma tu sombrero y póntelo,
vamos a la playa, calienta el sol.

Chiri biri bi, poro, pom, pom.
Chiri biri bi, poro, pom, pom.
Chiri biri bi, poro, pom, pom.
Chiri biri bi, poro, pom, pom.

Track 16

LA GOLONDRINA

A donde irá veloz y fatigada,
la golondrina que de aquí se irá,
allí en el cielo se mirará angustiada,
sin paz ni abrigo que dio mi amor.

Junto a mi pecho allí hará su nido,
En donde pueda la estacion pasar,
También yo estoy en la región perdida.
¡Oh cielo santo! Y sin poder volar.

También yo estoy en la región perdida.
¡Oh cielo santo! Y sin poder volar.

Junto a mi pecho allí hará su nido,
En donde pueda la estacion pasar,
También yo estoy en la región perdida.
¡Oh cielo santo! Y sin poder volar.

Track 17

¡VIVA JUJUY!

Vamos con ese bailecito

Adentrito cholo

¡Viva Jujuy!
¡Viva la Puna!
¡Viva mi amada!
¡Vivan los cerros
pintarrajeados
de mi quebrada...!

¡Viva Jujuy!
¡Viva la Puna!
¡Viva mi amada!
¡Vivan los cerros
pintarrajeados
de mi quebrada...!

De mi quebrada
humahuaqueña...

No te separes
de mis amores,
¡tú eres mi dueña!

La, lara, rara, rara

No te separes
de mis amores,
¡tú eres mi dueña!

Dos, dos y se va la otrita

Adentro

Viva Jujuy
y la hermosura
de las jujeñas!
Vivan las trenzas
bien renegridas
de mi morena!

Viva Jujuy
y la hermosura
de las jujeñas!
Vivan las trenzas
bien renegridas
de mi morena!

De mi morena
mal pagadora

No te separes
de mis amores
¡tú eres mi dueña!

La, lara, rara, rara

No te separes
de mis amores
¡tú eres mi dueña!

Track 18

ADIÓS MUCHACHOS

Adiós muchachos compañeros de mi vida,
barra querida, de aquellos tiempos.
Me toca a mí hoy emprender la retirada,
debo alejarme de mi buena muchachada.

Adiós, muchachos,
ya me voy y me resigno,
contra el destino nadie la talla.
Se terminaron para mí todas las farras.
Mi cuerpo enfermo no resiste más.

Dos lágrimas sinceras
derramo en mi partida
por la barra querida
que nunca me olvidó.
Y al darle a mis amigos
mi adiós postrero
les doy con toda el alma
mi bendición.

Adiós muchachos compañeros de mi vida,
barra querida, de aquellos tiempos.
Me toca a mí hoy emprender la retirada,
debo alejarme de mi buena muchachada.

Adiós, muchachos,
ya me voy y me resigno,
contra el destino nadie la talla.
Se terminaron para mí todas las farras.
Mi cuerpo enfermo no resiste más.